KB211536

당신의 마음에 답을 드립니다

일러두기

본문은 대광명사 회보 〈아름다운 인연〉에 실린 신행 상담 및
대광명사 법회 시 오고간 질의응답을 재편집한 내용입니다.

당신의 마음에 답을 드립니다

목종스님 상담에세이

삶 속에서 나누는 진리의 향기

목종 지음

담앤북스

머리말

불법의 진리는 어디에 있으며 어떤 모습일까. 모든 불자들과 수행자들의 화두요, 의문이다.

이 근본적인 물음의 답을 얻기 위해 부처님의 가르침인 경전도 보고 기도도 해 보고 수행, 보시행, 순례도 해 보고 선지식도 친견해 본다. 그러나 행하는 동안에는 아는 듯하다가도 지나고 나면 왠지 모호해지고 허전해진다. 왜일까. 불법의 진리를 엉뚱한 곳에서 잘못 찾고 있기 때문이다.

부처님의 진리는 이 우주의 어느 곳도 아닌, 바로 지금 여기 나의 삶 속에 있다. 팔만 사천 법문과 선지식의 가르침, 기도와 보살행, 순례와 수행 이 모두는 지금 나의 삶 속에 있는 진리를 찾는 방법일 뿐이다. 혹 지금 나의 삶이 아닌 다른 곳에서 진리를 찾았다고 하더라도 그것은 참진리가 아닌 자신이 만든 환영일 뿐이다.

이번에 그동안 불자님들과의 질의응답을 간추려서 단행본으로 편집했다. 비록 작은 호롱불이지만 각자 자신의 삶 속에서 진리를 찾아가는 데 도움이 되기를 발원한다. 갈증을 완전히 해소하지는 못하더라도 타들어 가는 입술을 축일 수는 있으리라. 《당신의 마음에 답을 드립니다》를 출간함에 도움을 준 담앤북스 오세룡 사장님과 관계자들의 노고에 깊이 감사드린다.

무상함을 재촉하는 가을비가 내리고 있다.

대광명사에서

목종 합장

차례

1부

세상과 나

2부

신심과 나

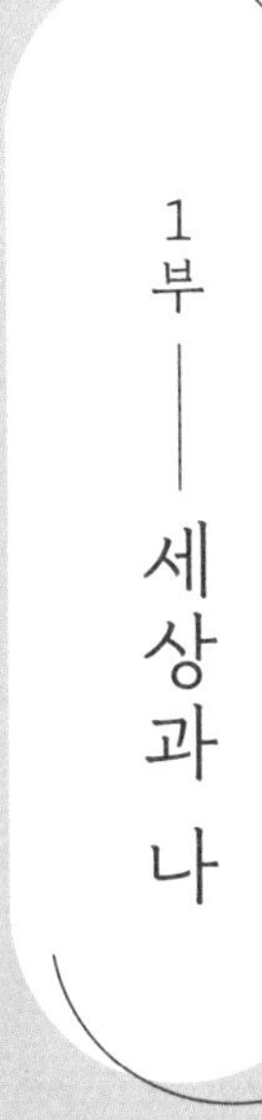

1부 세상과 나

Q1

누군가한테서 은근히 무시당한다고 느껴질 때가 있습니다. 이럴 때는 모르는 척하고 넘기는 게 좋을까요, 아니면 따지는 게 좋을까요? 대부분 모르는 척하는 편인데, 표현을 하지 못하면 화병이 날까 싶을 때도 있습니다. 어떻게 하면 좋을까요?

그 사람이 당신을 무시하는 이유가 무얼까요? '내 삶에 너는 굳이 필요 없다. 네 도움도 네 능력도 필요 없으니까.'라고 생각하니 무시하는 겁니다. 그 말은 평상시 나와 그 사람의 관계가 썩 좋지 않다는 뜻이겠지요. 평소 서로에게 관심을 많이 가졌으면 이런 일은 없었을 텐데요.

자존심이 상하고 무시를 당하니 말 그대로 화병이 날 것 같다면, 화병 날 것 같아 하는 그놈을 보세요. 그것은 아상我相 때문에 일어난 현상이거든요. 아상, 절대 무시해야 될 것입니다. 아상만 무시하면 즉각 문제에서 벗어날 수 있습니다.

물론 인간적으로, 남에게서 무시를 당하면 화도 나고

만약 그 사람을 진짜 이기고 싶다면
그 사람의 삶에 내가 꼭 필요하다는 것을
보여 줘야겠지요.

어떻게 보여 주면 될까요?

자존심도 상하겠죠. 그런데 이 세상에서 가장 가치 없는 것을 꼽으라고 한다면 저는 자존심을 먼저 꼽겠습니다. 돈은 내가 원하는 것을 가져다주기나 하죠. 자존심은 오히려 행복의 도구들을 많이 방해합니다. 자존심 하나가 이 삶을 사는 것도 괴롭게 만들고, 원하는 행복을 만드는 데 장애가 됩니다. 가장 중요한 점은 완전한 행복인 생사해탈을 하는 데 최고의 방해 요소가 된다는 겁니다.

자존심을 버리세요. 자존심을 버리면 내 주위에는 스승이 가득합니다. 자존심만 내려놓으면 온 우주가 진리를 그대로 드러내고 있습니다. 자존심이 바로 아상이거든요. 악행보다 더 쓸모없는 게 자존심입니다. 악행은 하고 나면 고통을 받으니 참회해서 벗어날 기약이나 있죠. 이놈은 아끼면 아낄수록 여러분에게 한 번, 두 번, 억만 번 죽음을 갖다줄 텐데 왜 집착하십니까?

저도 가끔 화가 날 때가 있습니다. 그렇지만 순간적으로 '내가 또 속았구나. 어리석게도 아직 속고 있구나.'라고 깨닫지요.

무시하는 사람에게 무시했다고 욕을 하거나 다투면 그 사람에게 당하는 겁니다. 그 사람이 날 무시하면 무시하세요. 그다음엔 무엇이 필요할까요?

만약 그 사람을 진짜 이기고 싶다면 그 사람의 삶에 내가 꼭 필요하다는 것을 보여 줘야겠지요. 어떻게 보여 주면 될까요?

그 사람에게 잘해 주면 됩니다. 잘해 주면 그 사람은 절대 나를 무시할 수 없습니다. 자존심 상해하지 마세요.

부처님이 그래서 '하심下心'이라고 하셨습니다. 지금의 고통이나 장애가 누구 때문에 일어난 것이 아니라 내 자존심 즉, 아상 때문에 일어난 것이거든요. 그러니 아상을 버리고 상대에게 잘해 주시기 바랍니다.

Q2

예전에는 누가 저를 오해라도 하면, 억울하거나 화가 났는데 요즘은 그런가 보다 하고 해명하려고도 하지 않습니다. 하지만 분명 기분은 좋지 않은데요. 부처님 말씀에 비춰 봤을 때, 어떻게 하는 편이 좋을까요?

태양을 달이라고 오해하는 사람은 없습니다. 활짝 피어 향기가 나는 꽃을 꽃이 아니라고 오해하는 사람도 없습니다.

상대방이 나를 오해한다 함은 내가 아직 부족하기 때문입니다. 내가 지니고 있는 마음, 그것이 드러난 언어 그리고 행위 등을 통해서 상대방은 '나'의 정체성을 알아챕니다. 오해의 일차적인 문제는 본인에게 있습니다. 내가 그만큼 완전하게 드러나지 않았기 때문에 일어난 현상입니다. 우리는 마음을 언어나 문자, 행위로 표현합니다. 그런데 그가 나를 모른다는 것은 무슨 말일까요? 내가 평소에 소통하지 않았음을 말합니다. 평소 소통을 잘했더라면 오해할 일이 없을 터입니다. 다른 말로 이야기하면 평소에 그 사람의 행위를 내가 진심으로 받아들이지 않았던 겁니다. 여기서 오해가 비롯됩니다. 나도 내 생각대로 상대방을 봤고 그 사람도 자기 생각대로 내 행위를 본 것이죠.

이왕이면 내 마음을 행동으로 옮기기 전에, 말하기 전에 다 알아주면 좋겠습니다만 그렇게 하려면 그 사람의 본심을 나도 알아줬어야 합니다.

결국 오해는 나에게서 시작됩니다. 그 이유는 첫째로, 내가 생각하는 만큼 마음은 있되 혹은 언어는 있되 행위는 아직 완벽하지 못했기 때문입니다. 둘째로는, 오해는 소통의 부족인데 나 역시 상대방의 진심을 알아주기보다는 내 방식대로 판단하고 결정했기 때문입니다. 그 책임은 누구에게 있습니까? 나를 오해한 상대방에게 있나요, 나에게 있나요?

오늘부터 나를 오해하는 사람을 만나면 '내가 아직 부족하구나.'라고 여기고 둘째, '나 역시 상대방의 진심을 알아주기보다 내가 지닌 편견을 통해 보고 있었구나.'라고 생각해 보세요. 하심下心 하십시오. 본래 중생이 세상을 편견으로 보기는 하지만, 이왕이면 선입견을 내려놓고 보려는 마음이 필요합니다. 여러분이 먼저 그러다 보면 상대방도 어느 순간 자신의 본심이 드러나게끔 소통합니다. 그러면 그가 내 마음을 가장 먼저 알아주는 사람이 될 것입니다.

Q3

절에 다니다 보니 크든 작든, 봉사를 하게 됩니다. 마음을 편안히 하고 싶어서 절에 오는데, 절에서 하는 봉사 때문에 더 스트레스를 받을 때가 있습니다. 어떻게 대처해야 할까요?

절에 있다 보면 이런저런 일이 있지요. 세속에서야 제 성질대로 행동했다가는 불이익을 받으니 참겠지요. 하지만 절에서는 불이익을 받지 않는단 말입니다. 절이 마음에 들지 않으면 절에 오지 않으면 그만일 테고요. 흔히들 절에 가면 욕심도 안 부리고 큰 소리도 안 내고 오히려 더 하심下心 할 거라 상상하는데, 막상 절에 가면 상相이 더 높아지고 더욱더 막말하고 성질부리는 사람도 있습니다. 마음에 업이 있으니 누군가가 봉사를 하면 옆에서 시비를 걸고 비방합니다. 다른 데서 봉사하는 것보다 절에서 봉사하는 일이 훨씬 더 어려운 이유입니다.

하지만 이렇게 생각해 보십시오. 절에 다니면서 똑같이 공덕을 짓는데 이왕이면 내가 하는 선행을 받는 이들이 더 오래 행복해하면 좋지 않을지요?

"내가 지금 행한 인연으로 이 사람이 고통과 불편에서 벗어나 행복을 얻고, 나아가서는 부처님의 가르침을 배우고 실천해서 언젠가 다시는 고통이 없는 깨달음을 얻게 해 주십시오."

부처님의 법을 모르고 하는 봉사는 현재 누군가의 고통스럽고 불편하며 배고프고 목마른 것을 면하게 해 줍니다. 그러나 늙고 병들고 죽는 것을 막아 줄 수는 없습니다. 부처님의 가르침 외의 어떤 것으로도 생로병사를 면할 방법이 없습니다. 부처님의 가르침만으로 가능합니다. 자신이 지금 하는 봉사는 봉사 대상자들을 현재의 고통에서 벗어나게 할 뿐만 아니라, 수천만 번의 죽음에서 구해 주는 일이거든요. 그러하니 훨씬 어렵고 힘이 드는 것이죠.

절, 스님, 부처님의 가르침이 가치가 있는 것은 우리의 가장 근원적인 고통인 생로병사에서 벗어나게 하기 때문이에요. 선행을 많이 하기 때문에 가치가 있거나 내가 선행을 한 만큼 복을 많이 주니 가치가 있는 것이 아닙니다. 그래서 절에서 봉사를 하거나 불자가 보시를 하거나 다른 사람을 도와주고자 할 때는 항상 이와 같은 발원을 염두에 두면 좋겠습니다.

"내가 지금 행한 인연으로 이 사람이 고통과 불편에서 벗어나 행복을 얻고, 나아가서는 부처님의 가르침을 배우고 실천해서 언젠가 다시는 고통이 없는 깨달음을 얻게 해 주십시오."

Q4

배우자를 어떻게 대하는 것이 불자로서 잘하는 걸까요?

● 부처님은 중생이 모두 깨달음을 얻기를 원하십니다. 부처님은 아무리 그 사람이 자신의 마음에 들지 않고, 자신을 배신하고 괴롭게 해도 그 중생을 미워하거나 그 중생이 잘못되기를 바라지 않습니다. 부처님은 항상 중생의 입장에서 모든 것을 봅니다.

이 삶의 인연 중 가장 귀중한 인연은 누굴까요? 지금 여러분과 가정을 이루고 있는 분들이 가장 중요한 인연입니다. 그래서 만나 평생을 함께하고 있는 겁니다.

불제자로서 부부가 서로에게 할 수 있는 가장 좋은 일이 뭘까요? 서로를 부처님같이 대하는 겁니다. 부처님의 마음과 행동을 배우고 따라 하려고 노력하는 태도가 필요하죠. 그러면 어떻게 하면 될까요? 상대가 원하는 것을 해 주는 게 부처님의 모습입니다.

가족은 서로가 이 삶 속에서 꼭 필요한 행복의 도우미입니다. 과거의 악업을 소멸시켜 미래의 고통을 없애 주고 공덕을 지어 행복을 증장시켜 주는 불보살님의 화신인 것이죠.

오늘부터 실천해 보십시오. 부처님의 가르침을 배워서 가족을 바른 길로 인도하고 서로가 원하는 일들을 해 주십시오. 내가 원하는 것을 해 주기를 바라고 그것을 상대에게 강요하지 마십시오. 내가 원하는 모습, 자존심을 내려놓으세요. 많이 내려놓을수록 이익입니다. 다 내려놓고 상대가 원하는 대로 실행하면 가정이 행복하고 화목해질 것입니다.

Q5

마음이 괴로울 때 그 괴로운 마음을 어떻게 멈출 수 있는지요?

마음이 괴로우면 왜 괴로운지를 보십시오. 우리는 괴로움에서 벗어나려고만 합니다. 괴롭다면 그 원인을 찾아봐야지요. 대부분이 내가 만들어 낸 착각일 가능성이 아주 높습니다.

어린아이를 기를 때를 생각해 보세요. 아기가 엄마의 뜻대로 하나요, 엄마가 아기의 뜻대로 하나요? 엄마가 아기의 뜻대로 해 주지요. 그럼에도 서로 행복해하지요.

우리는 자꾸 착각을 합니다. 내 뜻이 관철될 때만 행복하다고. 내 뜻이 상대방의 뜻과 달라도 상대방이 내 의견을 들어주어야 한다고 여깁니다. 그걸 행복이라 여기는 것입니다. 그게 정말이라면 어린아이를 기르는 과정은 행복이 아니어야 해요.

이렇듯 상대방이 나에게 뭔가를 해 주기를 바라면 바

내 뜻을 내려놓을수록
나는 훨씬 더 행복해집니다.

그 어떤 조건에서도
행복할 수 있습니다.

랄수록 내가 얻을 수 있는 행복은 줄어듭니다. 두 사람이 같이 산다고 생각해 봅시다. 서로 하나씩 양보한다 해도 각자가 50퍼센트밖에 얻지 못해요. 그런데 자기 뜻을 세우지 않고 "내 뜻은 오직 당신의 뜻입니다."라고 한다면, 그렇게 말한 사람도 나도 100퍼센트를 갖습니다. 어때요? 행복이 많아졌지요?

내 뜻대로 관철시키는 게, 가져오는 게 행복이 아니라 '상대방이 행복한 것이 오직 내 뜻입니다.'라고 했을 때 나는 훨씬 행복해집니다. 상대도 그렇고요. 이를 불교에서는 '하심'이라 합니다.

예불할 때 "지심귀명례"라고 말하죠. 지심귀명례至心歸命禮 즉, "지극한 마음으로 몸과 마음을 다 바쳐서 오직 저는 부처님이 뜻하신 바대로 살겠습니다."라는 뜻입니다. 여기서 부처님이 뜻하시는 바란, 모든 중생의 행복입니다.

괴로움, 불편함을 적으로 여기지 마세요. 불편이나 괴로움에서 벗어나기 위해 조건을 갖추려고 하고, 그러니 돈을 벌려고 애쓰고 돈을 벌기 위해 어떤 것들을 구하려 듭니다. 그런다고 행복해지지 않습니다. 앞서 말했듯, 내 뜻을 내려놓을수록 나는 훨씬 더 행복해집니다. 그 어떤 조건에서도 행복할 수 있습니다.

Q6

하던 일에서 열심히 노력했는데 결과가 좋지 않게 나왔습니다. 인과의 법칙에 맞지 않는다는 생각이 드는데, 어찌된 일일까요?

이숙업異熟業이라는 말이 있습니다. 이숙업이란 내가 지은 업이 익어서 드러날 때 다르게 드러난다는 것입니다. 내가 행한 업이 그대로 드러나는 경우가 있고 반대로 드러나는 경우가 있습니다. 이숙업은 이 생에서 열심히 살았는데 행복을 가져다주는 것이 아니라 장애나 고통을 가져다주는 경우입니다. 이를 이숙이라 합니다.

순업順業은 이 생에서 열심히 노력해 공덕을 짓고 살았으면 그다음에도 공덕이 그대로 드러나는 모습입니다.

그럼 언제는 이숙이 되고 언제는 내가 행한 것이 그대로 드러날까요? 부처님의 가르침을 순리대로 따라 행하면 여러분이 행한 바 그대로 드러납니다. 그런데 부처님의 가르침에 반대로 행하면 반대로 드러납니다.

우리가 하는 모든 행위는 행복을 얻기 위함입니다. 누

군가에게 고통을 준다면 그건 부처님의 가르침에 반대되는 행위입니다. 우리는 그것을 악업이라 하지요. 더 나은 행복을 얻기 위해서는 욕망과 집착을 버려야 하는데 악업은 욕망과 집착을 점점 강하게 하거든요. 진여자성의 참나에 비추어 봤을 때 이대로 두면 점점 더 욕망과 집착을 가질 것이고 보다 더 고통 속으로 갈 가능성이 있습니다. 그래서 이숙업이 됩니다. 매 순간 하는 일들이 이숙업이 될지 공덕이 되어 내가 원하는 행복을 증장시켜 줄지는 스스로 돌아보아야 합니다.

가장 좋은 방법은 부처님의 가르침을 배우고 실천하는 것을 목표로 하는 겁니다. 부처님의 가르침을 배우고 실천한다 함은 순리대로 바른 행복을 찾아가는 길을 이야기하는 겁니다. 열심히 공부해서 그 지식을 통해 필요한 사람에게 더 많은 행복을 주고, 부처님의 가르침을 배우고 실천하면 지적인 능력이 계속 성장합니다. 지금 돈을 벌어 나만 즐겁고 행복하려고 한다면 그것은 이숙업이 될 가능성이 높습니다.

우리는 매 순간 다른 사람보다 능력 있는 사람이 되기를 바랍니다. 우리는 매 순간 우리가 하는 일들이 점점 증장되어 원하는 바를 손에 쥐고 싶어 합니다. 몸이 아프지 않고 건강하게 오래오래 있기를 바랍니다. 애써서 번 돈이 손해가 나지 않고 이익이 계속 나기를 바랍니다. 남들이 나를 좋아하고 명예가 점점 드높아지기를 바랍니다.

하지만 내가 가진 그 지적 능력과 노하우, 돈, 육신과 조건을 통해 주위에 행복을 주고자 노력하는지요? 행복을 가져오고자 하면 모든 행위의 결과는 점점 고통으로 갈 것이요, 내가 가진 조건들도 점점 사라져 언젠가는 떠날 겁니다. 지금 기회가 있을 때 실천해야 합니다. 바로 부처님의 가르침을 배우고 실천하는 겁니다.

이 생에서 여러분이 모아 놓은 재산, 조건, 애써서 벌어 놓은 것들은 이 삶이 다하면 두고 가야 합니다. 부처님의 가르침을 실천하지 않고 욕망과 집착으로 인해 누군가에게 고통을 준다면 어떨까요?

여러분이 선망의 조건을 아무리 많이 가졌다 하더라도 늙고 병들고 죽음이 찾아오면 고통과 두려움이 가득 찰 겁니다. 지금부터 말하고 행동하고 생각하는 것들을 통해 부처님의 가르침을 실천하시기 바랍니다.

Q7

일주일 정도 자애 명상을 했습니다. 처음에는 저 자신, 가족, 주변 지인을 대상으로 했습니다. 그런데 자꾸 산만해지고 명상이 잘 안 되는 것 같아서 저 자신에 대해서만 명상을 했습니다. 자애 명상을 할 때 본인만을 대상으로 사랑의 힘을 길러내는 것과, 본인과 다른 사람을 같이 대상으로 삼는 데에 어떤 차이가 있는지 궁금합니다.

우리 중생은 이 삶 속에서 자신에게 가장 집착합니다. 내 몸을 나라고 여겨 집착합니다. 그래서 내가 원하고 좋아하고 즐거워하는 것을 얻기 위해 살아갑니다. 이것이 중생의 욕망이요, 집착입니다.

수행은 이 욕망과 집착을 버리는 작업입니다. 욕망이 자신의 즐거움과 편안함에 필요해서 구하는 모습이라면 수행은 욕망과 집착이 오히려 고통의 원인임을 알아차리고, 욕망과 집착을 버리는 자비심이 더 나은 행복임을 알아차려 가는 것입니다. 그러므로 모든 수행은 나 자신에서 시작합니다.

마음에 자애심을 가득 채워 호흡을 내쉴 때 내 몸, 내 가족, 내 인연, 우주 법계로 확대해 나가십시오. 호흡을 들이쉴 때는 우주 법계에 가득한 부처님의 자비 광명을

마음에 자애심을 가득 채워 호흡을 내쉴 때

내 몸, 내 가족, 내 인연, 우주 법계로
확대해 나가십시오.

몸에 가득 들이쉬세요. 너무 자신에게만 집중하면 아상에 대한 애착이 늘어나고, 처음부터 타인을 대상으로 하면 스스로 원망하는 마음을 증장시키니 이 점만 유의하면 됩니다.

Q8

오늘 아침, 제가 씻으려고 받아 놓은 물을 아들이 먼저 쓰는 바람에 아들에게 화를 냈습니다. 아마 절에 오는 날이 아니었다면 더 크게 화를 냈을 것 같습니다. 스님의 좋은 말씀을 들으면서도 눈에 보이는 것에 먼저 반응하고, 생활 속에서 부처님의 가르침을 실천하지 못하는 자신이 부끄럽습니다.

우리가 일상에서 화를 낼 때는 언제일까요? 내가 필요한 것을 얻으려고 할 때 방해를 받거나 누가 가져갈 때겠지요? 이는 집착에서 나옵니다. 돈을 귀중하게 여기는 사람은, 돈을 빼앗기거나 돈 벌 기회를 누가 가져가면 불같이 화를 내지요. 명예를 귀중하게 여기는 사람이라면, 누군가가 자신의 명예를 훼손하면 화를 냅니다. 수행에 집착하는 사람에게서 돈이나 명예를 가져간다 해도 그 사람은 화내지 않을 겁니다. 하지만 수행을 방해하면 화를 낼 것입니다.

왜 우리는 돈, 명예, 수행을 필요로 했을까요? 더 나은 행복을 얻기 위함입니다. 누군가가 나를 방해하고 내 것을 빼앗아 가는 데에는 이유가 분명히 있습니다. 현재 이전의 인연, 내가 지은 업 때문입니다. 나도 언젠가 저렇게 다른 사람의 이익을 빼앗아 왔을 수도 있겠구나 생각하며 우선 순응하고 참회해야 합니다. 둘째는 내가 지금 받지 않으면 다음에 더 많은 고통을 받을 것인데, 지금 저 사람이 내 업을 소멸시켜 주어 다음에는 괴로움을 당하지 않아도 되겠구나 하고 긍정적으로 받아들여야 합니다.

부처님의 법을 듣는 이유는 가족이 더 행복하기를 원해서가 아닌가요? 행복이란 내가 원하는 바를 가족이 해주는 게 아니라, 가족 스스로가 원하는 걸 하게끔 하는 거예요.

아드님은 씻고 싶어 했잖아요? 그러니 당신은 타인에게 벌써 행복을 주었군요. 항상 돌이켜 긍정적으로 비춰보세요. 부처님의 가르침을 수행하는 좋은 방법입니다.

Q9

만나면 불편한 사람이 있습니다. 안 보면 좋을 텐데, 그렇게 할 수 없을 때 어떻게 하면 마음의 평화를 유지할 수 있을까요?

그 사람이 내가 원하는 대로 말하고 행하기를 기다리는 편이 나을까요? 아니면 내가 그 사람의 마음에 들게 하는 편이 나을까요?

내가 어떤 사람을 싫어한다면 그 사람의 행위나 말이 보고 듣기 싫습니다. 그렇다면 어떻게 하면 좋겠어요? 그 사람이 내가 원하는 대로 말하고 행하기를 기다리는 편이 나을까요? 아니면 내가 그 사람의 마음에 들게 하는 편이 나을까요?

내가 먼저 그 사람의 행위나 말을 싫어하지 않고 그 사람을 싫어하지 않으려고 노력해 보세요. 싫어하는 대신 이해하려고 해야 합니다. 나는 왜 그 사람을 싫어하는지, 왜 그 사람을 내 마음에 맞추기를 바라고 그 사람이 내가 원하는 말만 해 주기를 바라는 건지.

그렇다면 나는 평소에 그 사람에게 그렇게 했나요? 내가 그 사람이 싫다는 건 결국 나도 그렇게 해 주지 않았다는 뜻 아니겠습니까?

먼저 하세요. 상대방을 이해하고 그 사람의 언행을 긍정적으로 살펴보세요. 그러고 나서 (지금 당장에는 마음에 안 들지만) 그 사람에게 필요한 이야기, 그 사람이 듣고 싶어 하는 이야기, 그 사람이 좋아하는 모습을 내가 먼저 보여 주세요. 그러면 그 사람도 곧 나와 똑같이 행동할 겁니다.

Q10

뒤에서 제 험담을 하는 사람이 있습니다. 어떻게 대처하면 좋을까요?

● 험담을 하는 사람의 입장에서 가만히 살펴볼까요? 자기와 기준이 다르니 남을 험담하는 것이겠지요. 그 기준이 맞는 기준인지, 틀린 기준인지 그 사람은 모릅니다. 자기 자신의 목적에 당신이 부합되면 즉, 자기 자신의 기준에 맞으면 당신을 험담하지 않습니다. 돈을 많이 벌고 싶은 사람은 돈을 많이 번 사람을 험담하지 않고 선망하죠.

누군가가 부처님의 가르침을 기준으로 삼아서 나에게 부족하다며 험담하고 있다면 나는 돌이켜서 참회해야 해요. 그러나 그러한 기준이 아닌, 다른 사람과 다른 형태의 잣대에서 험담하는 건 내 업을 소멸하는 일입니다. 여러분도 과거, 현재 이전에 누군가를 평가하고 험담할 때 부처님의 기준이 아니라 자기 기준대로 했거든요.

부처님의 기준으로 보면 이 세상에 험담할 게 하나도 없어요. 부처님의 기준으로 보면 저 지옥중생도 험담할 게 없어요.

지옥에 누가 가나요? 가장 극악하고 가장 욕망이 치성한 중생이 가지요. 부처님이 살아 계신 동안에도 중생은 부처님의 말씀을 듣지 않고 부처님을 욕하고 비난했어요. 부처님을 눈앞에서 보고서도 그 법을 배우고 실천하지 않은 중생이 얼마나 많았겠어요? 중생은 이렇듯 지혜와 공덕이 완벽한 부처님도 받아들이지 못하는데 하물며 지혜가 낮고 공덕이 적은 나에게는 어떨까요?

부처님의 기준으로 비추어 참회하되 그 기준으로 봐서 잘못된 게 없을 때는 오히려 남의 험담을 긍정적으로 받아들이세요. '과거 생에 언젠가 나도 잘못된 내 기준으로 인해 누군가에게 저렇게 고통을 주었구나.' 하고 여기는 겁니다. 그러면 업장이 소멸됩니다.

Q11

스님께서는 저희에게 자꾸 베풀라고만 하시는데, 주기만 하면서 살다 보니 부작용이 생길 때도 있습니다. 어느 선까지 베풀면서 살아야 하나요?

지금 하세요.
지금 그저 줘 보세요.

그것이 여러분을 더 나은 행복을 얻는
바른 길로 이끕니다.

그렇게 '주고 또 주는 데' 있어 현실적인 문제가 뭔가요? 지금 가지고 있는, 내가 필요하다고 여기는 것들을 지키고 싶으신 건 아닌지요? 주고 또 주고 열 번까지 줘 본 적 있으신지요?

대부분이 한두 번은 주지만 세 번째에 가서는 '줘도 소용없어. 주지 않을 테야.'라고 생각지 않나요? 그렇다면 언제까지 줘야 할까요? 저 사람이 사기꾼임을 알고도 계속 줘야 할까요? 그렇다면 어리석은 일이겠지요. 주되 지혜가 있어야 합니다.

보시, 지계, 인욕, 정진, 선정, 지혜를 육바라밀이라고 하는데, 여기서 '지혜'가 보시, 지계, 인욕을 더 바르고 알차게 만듭니다. 그러나 지혜라는 명목으로 '저 사람에게는 줘 봐야 아무 소용없어.'라며 회피하려는 마음은 지혜가 아니라 탐욕과 간탐입니다. 아끼려는 마음을 합리화하는 거지요.

길을 가다가 거지가 돈을 달라고 하면 '일이나 하지, 왜 저리 사는지 몰라.' 하거나 '내가 돈을 준다 해도 저 사람은 술이나 사 마실 텐데.'라고 생각합니다. 진짜 그 사람을 위해서 주지 않는 건지, 내 돈이 아까워서 주지 않는 건지 스스로 돌아보십시오.

소원을 성취하지 못하는 이유는 간탐심 때문이에요. 지금 내가 가지고 있는 게 부족하지만 그래도 그걸 보시해야 소원이 이뤄지는 것입니다.

지금 하세요. 지금 그저 줘 보세요. 그것이 여러분을 더 나은 행복을 얻는 바른 길로 이끕니다. 그런 마음으로 주다 보면 지혜가 생기게 됩니다. 지혜로 비춰 보면, 이 사람에게 무엇을 주는 게 더 나을지 알게 됩니다. 나의 입장에서 생각하면 '주고 주고 또 주는 일'이 어리석게 여겨집니다. 그러지 말고 상대의 입장에서 생각해 보기 바랍니다.

Q12

친정아버님이 돌아가신 지도 7년이 지났습니다. 지금도 법당이나 집에서 기도할 때면 아버지 생각이 많이 나고 눈물이 납니다. 왜 그런지 모르겠습니다.

기도할 때마다 눈물이 난다는 것은 본인의 생각에 아버님께 해 드렸던 것이 부족했다는 뜻 아닐까요? 아버님이 자식을 위해 평생 고생하셨는데 자신이 충분히 보답하지 못하고 잘 모시지 못한 회한 때문일 겁니다.

또 하나는 지금 보이지는 않지만 아버님이 만약에 지옥, 아귀, 축생 등 안 좋은 곳에 계신다면 그런 일이 일어납니다. 예를 들어 어머니가 시골에서 고생하고 계실 때 '어머니가 고생하시겠네.'라고 생각하지만, 내가 사는 이곳에서 내 일이나 내 가족, 내 일에 부딪히면 어머니를 까맣게 잊어버리는 이치와 같습니다. 그러다 문득 슬픈 생각이 나고 느낌들이 올라오는 겁니다.

마지막으로 자신의 삶이 아버님의 가르침이나 기대에 미치지 못해서 후회와 자괴감에서 일어나는 느낌일 수도 있습니다.

부처님께 참회하고 기도하고 발원하십시오. 그리고 아버님을 위해 공덕을 지으십시오. 천도재를 지내거나 불공을 올려 아버님의 몫으로 공덕을 짓는다면 좋을 것입니다.

Q13

죽은 영가는 하루빨리 잊어야 좋은 것입니까? 죽은 영가를 자꾸 생각하고 기억한다면 영가가 마음 편히 떠나지 못할까요?

'그동안 자식들을 키우시느라
고생하셨습니다.
제가 잊지 않고 기도한 공덕으로
꼭 극락왕생하십시오.'

단순히 돌아가신 분이 보고 싶어서 집착하는 거라면, 그렇게 하지 않는 편이 당연히 좋습니다. 돌아가신 분은 윤회의 길을 가야 하니까요. 죽음으로 가고 싶은 사람은 아무도 없어요. 내가 가장 사랑하는 가족, 사랑하는 사람, 그동안 아끼던 모든 물건, 열심히 모아 놓은 모든 재산을 두고 가야 하니까요. 육신은 어때요? 배고프면 먹여 주고 목욕시켜 주고 보양해 주지요. 그렇게 애지중지했는데 요놈도 버리고 가야 하니 당연히 떠나기 싫지요. 그런데 마침 가족들도 가지 말라고 붙들어요. 그럼 떠나지 못하는 것이죠.

윤회를 해야 다음 행복도 만들어 갈 텐데 스스로 행복을 만들 기회를 상실하게 되니 당연히 좋지 않습니다.

그러나 돌아가신 분이 생각날 때마다 기도해 주는 공

덕을 지어 드리면 돌아가신 분에게도 좋고 나에게도 좋습니다. '그동안 자식들을 키우시느라 고생하셨습니다. 제가 잊지 않고 기도한 공덕으로 꼭 극락왕생하십시오.' 이렇게 말입니다. 그리고 돌아가신 분의 이름으로 기도 올리고 부처님께 공양을 올리거나 천도재를 올려 드리고 주위의 고통받는 이웃을 위해 보시를 하면 더욱 좋을 것입니다.

Q14

평소 건강하던 지인이 갑자기 뇌사 판정을 받은 후 장기 기증을 결정했다는 말을 들었습니다. 얼마 후 49재가 열리니 참석해 달라는 문자를 받았습니다. 그분을 생각하면 고통스럽고 아프기만 합니다. 49재에 가서 제가 무엇을 할 수 있을까요?

우리는 언젠가는 다 죽습니다. 아무리 사랑하고 아끼는 내 몸도, 내 자식이라도 죽습니다. 죽음은 어떤 죽음이든지 스스로에게도 남은 사람에게도 고통이고 슬픔입니다. 그렇다고 해서 죽지 않을 방법은 없습니다. 이미 죽음을 얻었는데, 그 죽음이 나에게도 행복을 주고 남은 가족에게도 슬픔을 덜어 주며 또 누군가에게는 아주 귀한 행복을 줄 수 있다면 얼마나 좋겠습니까?

그분이 장기 기증을 해서 죽은 건 아닙니다. 장기 기증을 하려고 돌아가신 것도 아닙니다. 말씀드린 것처럼, 죽음은 두려움과 고통의 대명사입니다. 그런데 내가 장기 기증을 하게 되면 그 공덕으로 미래의 행복을 약속 받으니 당연히 두려움과 고통이 덜어지고 희망이 생기겠죠. 또 이 결정을 함께 한 가족의 입장에서도, 비록 슬프고 안타깝지만 더 나은 행복의 길을 가고 있으니 안심이 되고 슬픔이 덜하겠죠.

장기를 받은 사람의 입장에서는 어떨까요? 평생을 어둠 속에서 산 사람을 떠올려 보십시오. 각막 이식을 통해 빛을 볼 수 있다면 어떨까요? 어떤 사람은 간 건강이 안 좋아서 죽음을 기다리고 있습니다. 말씀드렸듯이 죽음은 누구에게나 고통스럽고 슬프고 괴로운 일입니다. 그런데 간을 이식받은 환우가 남은 삶을 질병의 고통에서 벗어날 수 있다면 얼마나 큰 공덕이 되겠습니까?

이러한 내용을 가족이 먼저 알고 있어야 합니다. 그리고 돌아가신 분을 위해 기도하면서 그 내용을 알려 줘야 합니다. 그래서 마음으로 돌아가신 분을 떠올리고, 기도하는 겁니다. '당신의 죽음이 슬프고 괴롭습니다. 너무나

안타깝습니다. 그러나 이 죽음은 더 이상 고통의 대상이 아니고 지금의 이 삶보다, 이 생에서 당신의 육신이나 삶보다 훨씬 더 나은 행복을 얻을 좋은 계기입니다. 기증으로 인해서 당신이 더 이상 쓰지 못하고 버리는 이 육신의 장기들을 가지고 다른 사람들이 질병의 고통에서 벗어나게 도와주고 그들에게 희망과 행복을 줄 수 있습니다. 그 공덕으로 당신은 훨씬 더 뛰어난 몸과 능력과 오래 살 수 있는 몸을 얻을 수 있습니다.'

그리고 부처님께 발원합니다. 이렇게 훌륭한 일을 하게 된 망자가 그 공덕으로 꼭 극락왕생하실 수 있도록 지장보살님께 발원하고 기도해야죠.

만약에 망자가 이 내용을 잘 모르면 어떤 현상이 일어날까요? 우리는 살아생전 내 몸이 가장 중요합니다. 그리고 내 자식, 가족이 중요하죠. 그것도 내 몸에 연관되어 있기 때문입니다. 우리는 몸을 가장 귀중하게 여겨 평생을 입히고 재우고 닦고 병원에 데려가고 운동해 주잖아요. 여러분은 어느 누구에게도 자신의 몸에 한 것만큼 하지 않습니다. 그런데 이 귀중한 나를 어느 날 갑자기 버리고 가야 한다면 그것을 순순히 받아들이겠습니까? 그 아끼던 몸이 나를 버린 것도 원통한데, 누군가가 그 몸이 필요하다고 떼어 가면 얼마나 화가 나겠습니까? 나도 그 몸을 되찾고 싶어서 안달이 나 있는데 말이지요. 그때 누군가가 또 내 몸을 떼어 갑니다. 보는 것만으로도 화가 머리끝까지 날 겁니다. 그래서 분노, 진심嗔心을 일으키죠. 분노하고 미워하고 증오하면 어떤 문제가 생길까요? 그 마음 상태에 따라서 다음 생으로 가지요. 아니면 그 집착으로 인해서 다음 생에 가지 못합니다. 그러니 알려 줘야만 합니다. 바르게 알려 주면 죽은 당사자는 더 나은 행복을 얻을 좋은 기회를 만들 수 있습니다. 내 몸의 장기를 받아서 나에게 공덕을 주는 환우에게 감사해할 수 있습니다.

그러니 주변 사람들이 할 일은 마음을 통해서 망자를 위해 기도해 주면서 49재를 지내 주는 것입니다. 죽은 사람의 입장에서는 자신의 상태를 쉽게 알아차리기 어렵기 때문입니다. 예를 들어서, 젊어서 사고사로 돌아가시는 분은 엄청난 집착을 갖게 됩니다. 별안간 사고사로 돌아가신 분은 사랑하는 가족에 대한 집착이 남아 있죠. 또한 애써 모은 재산에 집착이 남아 있죠. 집착이 남아 있으니 떠나지 못하죠.

그러니 돌아가신 분에게 알려 주는 절차가 필요합니다. '당신은 돌아가셨으니 이제 돌아올 수 없습니다. 그러니 인연 따라 더 나은 행복으로 가셔야 합니다. 가셔서 가족들을 도와주고 그들이 잘 살 수 있도록 안내해 줘야 합니다. 공덕을 짓게 만들어 주십시오.'

이처럼 49재는 꼭 필요한 과정이니, 참석하여 진심으로 망자와 남은 가족을 위해 기도하면 좋을 것입니다.

Q15

갓 태어난 손자를 위해서 어떤 기도를 하면 좋을까요?

손자가 행복하게 살기를 바라시지요? 그렇다면 '우리 아이가 공부도 잘하고 똑똑하고 돈도 많이 벌게 해 주세요.' 같은 소망을 아이에게 주고자 하지는 마세요.

'아이가 가장 행복한 삶을 살았으면 좋겠습니다. 부처님과 인연이 되어서 부처님의 법을 배우고 부처님의 법에 따라 이 삶을 살기를 발원합니다. 그것도 잘 안 되면 이 아이가 사는 동안에 주위에 있는 모든 사람에게 행복을 주는 삶을 살면 좋겠습니다.' 이렇게 발원하는 것이 아이에게 행복을 주는 가장 좋은 기도입니다.

관음기도를 하든 지장기도를 하든 절 기도나 사경을 하든 손자가 이 삶을 사는 동안 주위의 모든 생명체에 행복을 주길 발원하세요.

'부처님, 꼭 이뤄 주십시오. 이 아이가 부처님의 가르

이 아이가 부처님과 인연이 되어서
부처님의 법을 배우고 부처님의 법에 따라
이 삶을 살기를 발원합니다.

침 안에서 배우고 익히고 실천하는 삶을 살 수 있도록 이끌어 주십시오.'라고 기도하고 발원하시길.

Q16

아들한테 뜻이 맞는 여자 친구가 있었는데 이 여자 친구가 갑자기 헤어지기를 원한답니다. 엄마 마음에는 가슴 아픕니다. 더 좋은 인연을 만나기 위함일까요?

'더 좋은'이라는 마음을 버려야 합니다. 더 좋다는 건 내게 더 즐겁고 행복한 것, 이 질문에 따르면 자녀에게 더 행복한 겁니다. 지금의 행복이 곧 미래의 행복이 절대 아닙니다.

가장 바른 인연을 찾아야 합니다. 바른 인연이란 미래에 더 나은 행복을 주는 인연을 말합니다. 그 인연은 지금 이 순간에 결정되는 것이 아니라 내가 그 순간에 더 좋은 행복을 주려는 마음을 가졌을 때만 이뤄지는 겁니다. 그렇지 않고 내가 행복을 얻으려는 눈으로 보면 지금 눈앞에 보이는 게 미래에 고통이 될 수 있습니다.

자녀가 만나던 여자 친구와 헤어지려 합니다. 안타깝죠. 그런데 그 또한 인연입니다. 본인이 여자가 그럴 수 있다는 것을 간파하지 못하고 선택했기 때문이죠. 내가 원하는 여자가 아닌, 진짜 나의 마음을 편안해하고 내가 도움을 줄 수 있는 사람을 선택했다면 내 도움이 필요한데 왜 가겠어요? 내가 도와주고 있는데 왜 날 배신합니까? 나를 필요로 하는데. 그러니 이왕이면 도움을 받으려고 하지 말고, 내가 사랑한다면 상대를 도와주려 하고 행복을 주려는 마음을 가져야 합니다.

인연은 이제 말씀드린 것처럼 또 옵니다. 인연이 하나만 있는 건 아닙니다. 인연은 내 마음이 만들어 낸 겁니다. 그런데 인연을 만들 때 바른 인연, 좋은 인연을 진짜로 원한다면 부처님의 가르침을 따르십시오.

붙잡아도 떠나고자 한다는데 어떡할 겁니까? 붙잡으면 미래에도 내가 끊임없이 희생을 감수할 수밖에 없지 않나요? 내가 어떤 잘못을 했는데 돌이킬 수 있다면 참회를 해서 '내가 다시는 그러지 않으마.' 마음먹은 뒤 상대의 행복을 위해 기도하면 인연이 다시 맺어지겠죠. 그런데 그렇지 않고 그쪽에서 뭔가 문제가 생겼다면 이 인연은 갑니다. 그래서 현명하게 판단하면 좋습니다. 그리고 어떠한 인연도 100퍼센트 행복한 인연과 100퍼센트 불행한 인연은 존재하지 않습니다. 불행한 인연을 행복으로 만들어 갈 수 있습니다. 반면 행복한 인연에서 만족하지 못하면 불행한 인연이 됩니다. 이 삶은 끊임없이 이러한 경험에 의해 바른 인연을 선택하는 지혜를 얻고 배워가는 과정입니다. 그걸 부처님이 경험하고 알려 준 거거든요.

일단 내려놓으십시오. 생각하기에는 내려놓으면 떠날 것 같지요? 인연이 될 사람 같으면 다시 옵니다. 억지로

되는 건 아무것도 없습니다. 대신 '다시 인연이 되면 나를 뉘우치고 진짜 행복을 주고 싶다.'라는 마음으로 있으십시오. 억지로 잡으려고 하지 마십시오. 인연이 있으면 저절로 옵니다. 인연이 안 될 것 같으면 아무리 달래고 빌어도 되돌아오지 않습니다.

그래서 마음으로 행복을 빌어 주고 미워하지 말고 그리고 내가 혹시 나만을 위해서 그동안 상대방에게 불편함과 괴로움을 주지는 않았는지 되돌아보시고 참회하십시오.

벌 한 마리가 꽃을 떠났다고 해서 다른 벌이 꽃을 찾지 않는 건 아닙니다. 꽃에 향기가 있다면 벌은 곧 올 것입니다. 그러나 꽃이 지금 악취를 뿜고 있다면 어떨까요? 잘 아시리라 생각합니다.

Q17

제가 찍은 예쁜 사진을 누군가에게 보여 주었더니 "쓸데없는 것에 마음을 빼앗겨서는 안 된다."라는 이야기를 들었습니다. 예쁜 것은 정말 쓸데없는 것인지요?

무상함을 일깨워 보십시오.

또 이 무상함을 아는 주인을
찾아보십시오.

우리는 모양이나 색깔을 보고 그것을 좋아하지요. 맛있는 것, 좋은 소리, 좋은 향기 등 내 입에 맞는 것, 내 귀가 좋아하는 것, 내 코가 좋아하는 것…. 우리는 매순간 그것을 위해 살아갑니다. 그런데 왜 그런 것을 쓸데없다고 할까요?

사진은 실제 모습이 아니라 과거의 기억을 떠올리는 데 일종의 단서가 되는 물건입니다. 현재도 실재하지 않는데 과거의 기억을 추억이라며 떠올려 집착해 보아야 소용이 없다는 겁니다. 사진을 보면 지금은 즐겁지만 미래에 다가올 생로병사, 즉 늙고 병들고 죽는 일을 해결할 수는 없거든요.

사진만 쓸모없는 것이 아니라 나, 이놈도 쓸모가 없어요. 우리는 쓸모가 있다고 착각하여 집착하고 삽니다. 우리가 오직 할 일은 쓸모없음을 아는 것, 그것입니다. 그리고 그 쓸모없음을 알고 있는 주인인 나를 깨달아야 합니다.

내게 괴로움을 주는 대상을 붙들고 있으면 힘들고 고통스럽지요. 반대로 즐거움을 주는 대상 앞에서 나는 즐겁습니다. 즐거움의 대상이 왔을 때 '내가 이것으로 인해 즐겁기는 하지만 지금 이것은 눈앞에 있는 것이 아니라 과거의 지나간 일이다, 지나간 일은 실재하지 않는구나.'라고 무상함을 일깨워 보십시오. 또 이 무상함을 아는 주인을 찾아보십시오. 괴롭고 불편하고 행복하고 즐거운 매 순간순간의 그 주인을 알아차리십시오. 그러면 이 세상에 버릴 것은 아무것도 없습니다.

Q18

함께 있으면 유독 힘들고 신경을 날카롭게 하는 사람이 있습니다. 그 사람만 보고 있으면 제가 부처님의 가르침을 따르기에 아직 부족한가 하는 생각을 하게 됩니다. 그래서 그 사람이랑 함께하는 자리를 피하고 나중에 제가 좀 더 수행이 되고 마음이 더 너그러워졌을 때 보는 편이 좋지 않을까 하는 생각도 합니다. 받아들이기 어려운 사람이라도 계속 참아 내야 하는 걸까요?

우리는 순간순간 즐거움과 괴로움을 느끼며 살아갑니다. 또한 매 순간 더 많은 즐거움을 얻기 위해 노력하지요. 이 즐거움과 괴로움의 원인은 바로 집착입니다. 자신이 집착하는 대상이나 조건을 구하거나 구할 가능성이 많아지면 즐거워하고, 집착의 대상을 구하기 어려워지거나 구할 수 없다고 여길 때 괴로워합니다. 이것이 낙과 고의 모습이죠.

이 삶 속에서 찾아드는 유난히 힘든 사람이나 조건은 나의 집착과 연관이 있습니다. 증오하거나 참거나 피하면 집착이 더욱 늘어나므로 더더욱 힘들어집니다. 자신을 성찰해 상대방과 연관된 집착이 무엇인지 알아차려, 그 집착의 가치 없음을 일깨워야 합니다. 그러다 보면 어느 순간 덜 부담스러워지고 오히려 자비심에 따라 연민

이 생겨납니다.

또 하나는 업장으로 설명 가능합니다. 당신도 과거 어느 시기에 다른 누군가의 행복을 방해하거나 얻지 못하게 한 적이 있습니다. 그 마음의 흔적, 즉 업장은 그와 만날 때마다 참회하면 소멸됩니다. 그런 시각으로 본다면 내 주위는 소원을 성취시켜 주는 도우미가 될 것입니다.

2부

신심과 나

Q19

법당에 가서 기도하고 경을 읽을 마음의 여력이 나 에너지가 없습니다. 습관도 되어 있지 않고요. 이럴 때 쓸 수 있는, 공덕과 기도에 버금가는 좋은 방법이 있을까요?

법당에 앉아서 경을 읽고 기도한다는 것은 행복을 구하는 것입니다. 그럴 여력이 없다는 것은 다른 방법을 통해 행복을 구하는 데 더 집중하다 보니 경을 읽고 기도할 여유가 없다는 뜻입니다.

어떤 것이 나에게 더 행복을 주는지 가만히 보세요. 더 많이 행복을 얻는 게 효과적입니다. 여러분은 지금 대부분이 돈 버는 데 집중하거나 돈 버는 일을 하려고 배우는 데 집중하고 있죠. 열심히 배워서, 열심히 일해서 돈을 벌어 원하는 맛있는 음식을 사 먹든지 좋아하는 집을 사든지 좋아하는 옷을 사죠. 지금 여러분이 원하는 행복은 대부분 이와 같을 것입니다.

하지만 부처님께 기도하는 게 행복을 위해 왜 더 중요하느냐 하면, 기도를 안 하고 뭔가를 하는 사람보다 기도하는 사람이 바라는 바를 이룰 확률이 훨씬 높기 때문입니다. 기도를 하면, 대상을 얻어서 만족할 것을 기도하는 순간에 만족하기 시작해요. 여러분이 원하는 것은 만족이잖아요. 그 대상이 나에게 즐거움을 주지 않는다면 아무 필요가 없는 거예요. 일해서 행복하려고 하면, 일을 해서 원하는 물건을 사서 그것을 통해 내가 좋아하는 느낌을 얻어야 하는데, 그렇게 원하는 느낌을 얻는다 하더라도 그게 오래가지 않아요. 그런데 기도를 하면 기도하는 순간 그 느낌들을 얻게 됩니다.

행복이란 게 내가 원하는 욕망이 충족되었을 때 얻어지는 거거든요. 욕망의 충족이란 다른 말로 하면 '욕망이 줄어드는' 거예요. 욕심이 100이었을 때 10만큼 충족되면 욕심이 90으로 줄어든다는 말입니다. 이때 나는 10만큼 즐거움을 얻는 겁니다. 욕심이 100이었는데 50만큼 충족시키면 나는 50만큼 만족하죠. 내가 완전히 만족하면 구하고 싶은 생각이 없어져요. 욕심이 사라져 버렸을 때를 말하는 겁니다.

여러분은 기도를 하면서 '내가 악행을 해서라도 꼭 구하고 싶습니다. 부처님, 저에게 주십시오.' 이렇게 말하나요? 그렇지 않지요. '부처님, 제가 과거에 잘못한 게 많은데 참회합니다.' 하고 욕심부린 과거를 참회하지요. 자신이 욕심을 버리도록 해 달라고 기도하지 않습니까. 그러면 욕심이 줄어 감으로 인해, 기도하면서 내가 원하는 행복의 일부를 이미 얻기 시작합니다. 다른 때에는 돈을 벌어서 그것을 사 와야만 행복했는데 지금은 서서히 행복을 찾아갑니다.

욕심이 줄어감으로 인해,
기도하면서 내가 원하는 행복의 일부를
이미 얻기 시작합니다.

또 하나는, 내가 뭔가 일을 하려고 하면 마음을 집중해야 하잖아요. 그런데 기도를 하면 매 순간 발원을 하게 되지요. 내가 원하는 성취를 마음에 끊임없이 얘기하고 있잖아요. 그 마음에 따라서 말하고 행동하고 생각하니 훨씬 빠르고 쉽고, 더 높은 확률로 소원을 성취할 수 있는 겁니다.

그렇다고 아무것도 하지 않고 기도만 하면 될까요? 마음만 낸다고 이뤄지지는 않습니다. 소원을 성취하고 싶다는 마음을 가지고 말하고 생각하고 행동으로 실천해 가면서 그 생각을 놓지 말아야 합니다. 그것이 기도입니다.

기도할 시간과 여력이 없다고 하셨나요? 사실 시간과 여력이 없는 게 아니라, 기도 등이 내가 행복을 얻는 데 별 효과가 없으며 열심히 땀 흘려서 일하고 배우고 노력하고 돈 버는 것이 행복에 더 가깝다고 확신하고 있는 건 아닌가요?

매일 아무것도 하지 않고 기도만 하라는 뜻이 아닙니다. 틈나는 대로 하루에 1시간이나 30분이라도 시간을 내서, 절에 오지 못한다면 집에서라도 기도하는 것이 소원을 성취하는 데 몇 배 더 효과적입니다. 그리고 기도를 하는 과정과 더불어 내 행복도 커져 갑니다.

Q20

가급적 시술을 멀리하는 편입니다. 제가 다니는 병원의 의사 선생님이 불심과 기도로는 병이 해결되지 않는다며 저더러 어리석다고 하는데요. 저희에게는 약사부처님도 약왕보살도 계신데 불보살님의 위신력과 스스로의 자연 치유력을 중시하는 것이 그 의사 선생님의 말씀처럼 어리석은 행위인가요?

지금 당장 질병이나 고통이 눈앞에 있는데, 기도만 해서 나을 수 있을까요? 업이 다 소멸되면 가능하긴 합니다. 그런데 과거 생에 기억되어 있고 지금도 기억되어 있고 이미 오래도록 만들어진 거라서 그 업이 내가 며칠 기도했다고 소멸되기란 쉽지 않습니다.

깨달음을 얻으면 됩니다. 설사 육신이 암으로 죽는다해도 육신에 집착이 없기 때문에 전혀 관계하지 않습니다. 육신이 있고 내가 있고 이 생을 살고 있다고 내가 여기는 한, 우리는 업식으로부터 완전히 벗어나기가 쉽지 않습니다. 그래서 기도는 업을 소멸하기 위해서 하고 병은 의사에게 가서 치유를 해야 합니다. 그것도 내 마음의 모습입니다. 우리가 생각하고 말하고 행하는 모두가 마음의 모습이요, 기도입니다. 그러니 이것이 가장 효과적인 모습이죠. 동시에 기도도 하고 발원해야 합니다.

내게 지금 질병과 고통이 있다는 건 몸을 사용함에 있어 부처님의 말씀을 실천하고 배우는 데에 소홀했다는 겁니다. 반대로 욕망과 집착으로 누군가에게 고통을 줬다는 거예요.

이제는 그러지 말고 '앞으로 내 몸이 건강해지면 부처님의 가르침을 더욱 열심히 배우고 실천하겠습니다. 이 고통으로부터 벗어나게 해 주십시오.'라고 기도하십시오. 그러면 치유가 훨씬 빨리 되고 질병이 더 적게 올 것입니다.

Q21

일상에서 챙기고 유지해야 할 일들이 많으니 힘들고 지치고 우울하기까지 합니다. 어떻게 하는 게 좋을지요. 주위 사람들은 일상이 아무리 바빠도 힘들 때는 휴식을 취하라고 조언합니다. 그 말대로 그저 멈추고 쉬어야 할지, 아니면 쉬지 않고 계속 가다가 그 속에서 또 하나를 얻어야 하는 건지 모르겠습니다.

중생은 저마다 바쁩니다. 더 나은 행복, 그것을 얻기 위해서지요. 그 행복이 이뤄지지 않으면 우울해하고 힘들어합니다.

그렇다면 행복이 뭘까요? 돈을 벌어, 권력을 얻어, 재물을 얻어 내 마음을 만족시키는 겁니다. 내가 만족해야 하는데 그 원하는 여부는 누가 결정하지요? 돈이 결정하나요? 재물이 결정하나요? 여러분 스스로 결정하지 않나요?

결정의 조건은 어떤 것도 절대적이지 않습니다. 자신이 결정하면 됩니다. 왜 구하기 힘들고 어렵고 비싸고 귀한 목표(돈, 명예)를 정해서 그걸 얻으려고 땀을 흘리며 일합니까? 왜 날도 더운데 돈을 벌어야 하고, 또 돈이 벌리지 않으면 의기소침해져서는 '나는 안 돼.' 하며 우울해

왜 구하기 힘들고 어렵고 비싸고
귀한 목표(돈, 명예)를 정해서

그걸 얻으려고
땀을 흘리며 일합니까?

합니까?

모든 대상이 나에게 행복을 주는 것이 아니라 내가 원하는 것을 얻는 것이 행복입니다. 그 원하는 것을 결정하는 것은 대상도 아니고 누구도 아니고 나입니다. 이왕이면 내 곁에 쉽게 와 있는 것, 언제든지 얻을 수 있는 것으로 결정하라는 겁니다. 보다 얻기 쉬운 것, 내 곁에 있는 걸 바라보세요.

그렇게 하는 것보다 더 좋은 방법은 사실, 아예 결정 자체를 하지 않는 겁니다. 이 눈으로 보면 삶 전체가 그렇습니다. 우리 윤회 전체가 그렇습니다. 쓸데없이 선택을 해서는 그 때문에 쓸데없이 구하려고 들고 쓸데없이 윤회하는 겁니다.

질문하신 대로, 쉼은 일상에서 중요합니다. 내가 지금

얻고 싶어 하고 내게 지금 이뤄지지 않는 걸 더 얻기 위해서 하루 잠시 휴식한다면 다음날 충전은 되겠지만 역시 같은 과정으로 나아가야 하겠지요.

우리가 필요로 하는 쉼은 하던 일을 잠시 멈추는 게 아닙니다. 바로 '구하는 그 마음을 쉬어야 한다는 것'입니다. 내가 구하고자 하는 그 마음, 그 마음을 쉬려면 어떻게 해야 될까요? 그것을 선택하는 '나'에게로 가면 됩니다.

지금의 우울한 그 느낌을 없애기 위해 또 다른 기쁨의 느낌을 원하고 또 다른 변화를 원한다면, 그 사람은 끊임없이 조건의 느낌과 상황에 휘둘릴 수밖에 없습니다. 하지만 여러분 '본래의 자신'은 한 번도 우울하지 않았습니다.

이제 본질을 논하세요. 지금의 느낌에 대해 뭐라 하지 말고, 그 느낌을 느끼는 주인공을 끊임없이 찾아가시길 바랍니다.

Q22

20대 딸아이가 있는데 아직 불법에 대한 신심이 없습니다. 아이의 신심을 키워서 남을 배려하고 남에게 도움이 되는 사람이 되도록 이끌고 싶습니다. 부모로서 어떻게 기도하고 인도해야 할까요?

우선 자녀분에게 부처님의 기본적인 가르침을 바르게 가르쳐 이해시켜야 합니다. 부처님의 가르침이 이 삶 속에서 행복을 만드는 가장 쉽고 빠르고 확실한 길임을 이해할 수 있도록 차근차근 알려 주는 것이지요.

그다음은 조금씩 실천할 수 있도록 이끌고, 실천에 따른 몸과 마음, 주위 환경의 변화를 스스로 검증할 수 있도록 가르치고 함께 실행해 보십시오. 쉬운 것부터 하는 편이 좋습니다. '불교' '부처님' '기도' '소원 성취' '행복' 등 가장 기본적인 문답을 주고받으며 흥미를 붙이게 하는 것이 중요합니다. 끝으로는, 본인이 더 열심히 기도하고 보살행으로 실제 변화하는 모습을 자녀에게 보이십시오. 가장 좋은 방법은 함께 스님을 자주 찾아뵙고 상담과 조언을 듣는 것입니다.

Q23

저는 생각이 너무 많습니다. 이런저런 번뇌 끝에 시간을 낭비하기도 하구요. 무심해지는 방법을 알고 싶습니다.

번뇌 망상은 왜 할까요? 필요해서 합니다. 3살 먹은 어린아이도 필요하지 않으면 하지 않습니다. 100살 된 노인도 필요하면 번뇌 망상을 합니다. 3살 먹은 어린아이가 지혜가 많아 수행을 열심히 해서 번뇌 망상을 안 하는 게 아니며, 100살 노인이 지혜가 없고 바보 같아서 번뇌 망상을 하는 게 아닙니다. 누구라도 필요하면 번뇌 망상을 합니다.

번뇌 망상을 하지 않는 가장 좋은 방법은 바로 '필요치 않음'을 아는 겁니다. '번뇌 망상을 버려야지.' 하고 마음 먹으면 버려지던가요? 잊을 만하면 자꾸 생각나고, 버려지지 않습니다. 번뇌 망상이 내게 전혀 도움이 되지 않음을 알아차려야 합니다. 나는 지금 왜 번뇌 망상을 하고 있는지, 번뇌 망상이 필요한 원인이 어디에 있는지를 살

번뇌 망상을 하지 않는 가장 좋은 방법은

바로 '필요치 않음'을 아는 겁니다.

펴야 합니다.

예를 들어, 내가 돈을 많이 벌려고 해서 무엇으로 돈을 벌까 하고 고민한다고 칩시다. 돈 버는 일을 고민한다는 것은 돈이 내게 행복을 줄 거라고 여기기 때문입니다. 돈은 어떻게 행복을 줍니까? 내가 원하는 조건이나 대상을 구해 줌으로써 주지요. 원하는 조건이나 대상을 왜 구하려고 하는 겁니까? 그것이 나에게 행복과 즐거움을 줄 거라고 여겼기 때문입니다. 그 즐거움은 어디서 올까요? 내가 좋아하는 데서 옵니다. 내가 싫어했으면 즐거움을 주지 않습니다. 내가 좋아하고, 좋아하니 그 물건을 원하고, 그 물건을 원하니 돈이 필요하고, 돈이 필요하니 일에 대한 번뇌 망상이 생긴 겁니다. 일을 하자니 직장을 구해야 하고, 능력을 갖춰야 하지요. 이렇게 번뇌 망상을 하게 되지요. 이는 다 어디로 돌아오는고 하니 '내가 좋아함'으로 돌아옵니다. 그 좋아함을 얻으면 우리는 행복이라 여기고, 반대로 싫어하는 것을 얻으면 고통이라 여겨 불행이라 생각합니다. 그런데 좋아하는 그 주체는 누구입니까. '나'이지요. 싫어하는 주체 역시 누구인가요? '나'입니다.

그럼 좋아하고 싫어하는 것 모두 내가 결정하는데 그 물건이 왜 꼭 필요한가요? 좋아하고 싫어하는 건 결국 내가 하는 결정인데 왜 물건이든 뭐든 구해서 얻으려 합니까? 그저 싫어했던 것을 좋아하면 그만입니다. 현명한 사람은 좋아하는 마음과 싫어하는 마음, 그것의 주인을 압니다.

Q24

때로, 어떻게 사는 게 잘 사는 건지 의문이 들 때가 있습니다. 매일 열심히는 산다고 하는데 잘 살고 있는 건지, 괜히 혼자서만 힘들게 사는 건 아닌지 하는 생각도 듭니다. 스님, 어떻게 사는 게 잘 사는 걸까요?

어떻게 사는 게 잘 사는 걸까요? 만약 돈을 목적으로 한다면 돈을 많이 버는 게 잘 사는 거라고 생각할 겁니다. 명예를 목적으로 산다면 명예를 많이 얻는 사람이 잘 산다고 생각할 겁니다. 육신의 건강을 목적으로 삼는다면 아주 건강하게 사는 삶이 좋은 삶이라고 여길 겁니다.

그런데 지금까지 말한 모든 것은 불완전합니다. 영원하지 못하고 단편적인 요소들입니다. 보다 더 완전한 행복, 보다 더 영원한 행복은 생로병사로부터 벗어나는 겁니다.

생로병사로부터 벗어나는 걸 목적으로 세운 사람은 생로병사에서 벗어나는 것에 비추어 그것을 실천하며 삽니다. 그러면 우리가 정말 잘 산다는 건 어떤 것일까요? 가장 완전한 행복, 다시는 고통이 없는 완전한 깨달음에 이르는 겁니다. 그 기준을 우리는 부처님의 가르침을 통해 알 수 있습니다. 늙고 병들고 죽는 생사로부터 벗어나 가장 완전한 행복을 얻는 방법은 부처님의 가르침을 배우고 실천하는 것입니다.

Q25

이런 생각이 들 때가 있습니다. '큰 사고가 없으니 감사한 삶이긴 한데 이렇게 사는 게 최선일까? 무엇을 위해 사나? 그저 아침에 눈이 떠지고 절로 호흡이 되니 주어진 인연대로 살아가는 건가?'
제가 이 생에 존재하는 이유가 있는 걸까요? 아니면 탐진치를 끊지 못해 인연 따라 윤회했으니 그저 살아가고 있는 걸까요?

왜 태어났는지 잘 모르겠다면 매 순간 행동의 성향을 살피면 되겠지요. 우리는 매 순간 무엇인가를 하죠. 왜 할까요? 안 하면 안 되나요? 여러분은 직장에 다니고 열심히 일을 하죠. 그런데 직장에 안 가면 안 되나요? 돈은 왜 벌지요? 왜 먹고사나요? 생명을 유지하고, 행복하려고 그러는 것이지요. 순간 하는 행위들은 누구의 의지대로 하는 건가요? 자신의 의지지요. 매 순간 결정하고 실천하고 선택하는 것 역시 여러분 자신입니다. 태어나서 죽을 때까지 그렇게 하는데, 태어나는 것이라고 죽는 것이라고 내가 결정하지 않겠어요? 다 내가 결정합니다.

여러분은 이렇게 살아가는 모습을, 이 삶에서 원하는 것들을 태어나기 전부터 원했어요. 그런데 그 원하는 것들은 인간 세계에서 인간의 몸을 받아야만 얻을 수 있었

그래서 인간 세계가, 지금의 이 삶이 귀중한 겁니다.

지요. 그렇게 원하니 어떻게든지 인간으로 태어나려고 노력을 했지요. 그래서 우리는 부모라는 관문을 통해 태어나는 겁니다.

인간 세계의 특징이란 내가 의지를 가지고 노력하면 이 잠깐의 시간에 엄청난 행복을 얻을 수도 있고 엄청난 고통을 얻을 수도 있다는 겁니다. 인간 세계 이상의 세계에는 행복은 아주 많은데 구태여 노력할 필요가 없고 열정이 없어요. 반면 인간 이하의 축생, 아귀의 세계에서는 항상 배고프고 굶주리고 죽음의 공포에 시달려야 하죠. 지옥에는 끊임없는 고통이 있어요.

그런데 인간 세계에서는 내가 노력을 하고 의지만 가지면 부처님 법을 배워서 다시는 죽음이 없는 세계에 갈 수 있고, 공덕을 지으며 살면 백만 년, 천만 년 살 수 있는 곳에 갈 수도 있습니다. 육도윤회 중 인간 세계가 가장 공부하기 쉬운 세계예요. 가능성이 있는 곳이니까요. 그러니 경쟁이 얼마나 치열하겠어요. 여러분은 수억 대 일을 뚫고 태어난 거예요. 그렇게 치열한 경쟁을 뚫고 태어났는데, 욕망과 집착으로 진짜 행복을 얻을 깨달음의 기회를 다 놓치고 죽을 때가 되어서야 후회하지요. 죽은 후 다시 인간의 몸을 받는다는 보장도 없어요. 살아서 욕망과 집착으로 악행까지 저질렀다면 지옥 · 아귀 · 축생계의 삼악도로 가야 해요. 그래서 인간 세계가, 지금의 이 삶이 귀중한 겁니다.

Q26

석가모니부처님 이전에도 부처님이 여러 분 계시는 걸로 아는데 유독 석가모니부처님이 회자되는 이유가 무엇인지요?

답은 석가모니부처님과 우리 시공간의 인연 때문입니다. 우리가 흔히 알고 있는 부처님들만 해도 과거 장엄겁莊嚴劫 1,000불, 현재 현겁賢劫 1,000불, 미래 성수겁星宿劫 1,000불 등 3,000불입니다. 그중 현재 우리와 시간적으로 가까운 부처님은 과거 장엄겁 때의 998번째 비바시불毘婆尸佛, 999번째 시기불尸棄佛, 1,000번째 비바부불毘舍浮佛이 계시며 현겁의 첫 번째 구류손불拘留孫佛, 두 번째 구나함모니불拘那含牟尼佛, 세 번째 가섭불迦葉佛, 네 번째 석가모니불釋迦牟尼佛이 계시며 이 일곱 부처님을 과거칠불이라고 합니다. 여기에 현겁의 다섯 번째 부처님이 될 미륵불彌勒佛이 56억 7,000만 년 후에 오실 것입니다. 그래서 지금은 석가모니부처님의 시대인 것이죠.

보통 겁劫의 시간을 이야기할 때 인간의 수명에 비유

하기도 합니다. 사람의 수명이 8만 4,000세에서 100년마다 1세씩 감소하여 10세가 되고, 10세에서 다시 100년에 1세씩 증가하여 다시 8만 4,000세가 될 때를 1소겁小劫이라고 하며 이 증감이 20회가 반복된 기간을 1중겁中劫이라고 합니다. 이 중겁이 성, 주, 괴, 공成, 住, 壞, 空 4번 지남을 1대겁大劫이라고 하며 1대겁을 과거 장엄겁, 현재 현겁, 미래 성수겁이라고 하는 것입니다. 그러므로 석가모니부처님과 가장 가까운 가섭불 혹은 미륵불이라고 하더라도 지금 우리의 수명에 비하면 거의 무한에 가까운 시간 차이가 납니다.

그러므로 시공간의 인연이 가장 깊은 석가모니불을 우리의 스승이라고 하여 "시아본사 석가모니불是我本師 釋迦牟尼佛"이라고 하는 것입니다. 또 우리가 알고 있는 모든 부처님의 존재, 명호, 가르침 등은 석가모니부처님의 가르침으로 알게 된 것이기에 석가모니부처님을 스승으로 여겨 "지심귀명례至心歸命禮" 하는 것입니다.

Q27

얼마 전에 교통사고를 당했습니다. 절에 열심히 다니고 기도도 해 왔는데 왜 이런 사고가 났을까요? 부처님께 영험이 없는 건지, 제가 행실이 부덕한 건지 모르겠습니다.

기도를 했기에

오히려 더 큰 사고를 방지하고
목숨을 부지할 수 있던 건
아닐까요?

기도를 많이 했음에도 예기치 못한 사고가 날 때가 있습니다. 이는 현재 이전에 자신이 지은 악업 혹은 자신이 행복을 주지 않고, 가져오려고만 했던 마음의 흔적이 드러나는 것입니다.

기도를 했기에 오히려 더 큰 사고를 방지하고 목숨을 부지할 수 있던 건 아닐까요? 기도를 하지 않았더라면 더 큰 화를 당했을지도 모릅니다.

만약 기도하는 사람이 재물과 몸에 집착한다면 이 사람은 바른 기도를 하지 않은 겁니다. 기도를 해서 욕망의 대상을 구하는 사람은 윤회를 면할 수 없습니다. 그런 눈으로 본다면 '내가 이렇게 착한 일을 하는데 왜 사고가 나는 거야?'라고 생각할 수 있습니다. 그러나 아무리 착한 일을 한다고 한들, 사람은 늙고 병들면 죽기 마련입니다.

죽고 나면 그간 자신이 구하고자 했던 모든 욕망의 대상은 사라집니다.

진정 기도하는 사람은 참회할 줄 압니다. '부처님께 기도를 하고 선행을 하는데도 좋지 않은 일이 일어나는 건 현재 이전에 내가 악업을 지었기 때문이구나.' 하고 스스로 참회해야 합니다. 참회를 통해 새로운 지혜를 얻는 겁니다. 기도했기에 더 많은 행복을 얻을 기회가 주어지는 것입니다. 이러한 뜻을 모르고 부귀영화와 욕망의 성취를 위하는 사람의 기도는 설사 이루어져도 길면 50년, 짧으면 30년 내에 그 성취가 사라질 겁니다. 바른 기도와 바른 부처님의 가르침을 모르기 때문입니다.

기도는 부처님께 행복을 달라고 부탁하는 게 아니라 '제가 지금부터는 행복을 가져오지 않고 행복을 주는 사람으로 살겠습니다.'라고 부처님과 자신에게 약속하며 이를 실천하겠다고 서원하는 일입니다.

Q28

《지장경》을 읽다 보니 "악업을 지으면 부모나 자식이라도 대신할 수 없다."라는 구절이 눈에 띄었습니다. 그리고 죽은 이를 위하여 공덕을 베풀면 7분의 1은 망자에게 돌아간다고 되어 있더군요. 악업을 지은 것은 다른 사람이 갚을 수가 없는데 망자를 위해 베푼 공덕은 조금이나마 망자에게 돌아간다는 것이 이해가 잘 되지 않습니다.

선업이나 악업이나, 누구도 자신이 지은 업을 피할 수는 없습니다. 누군가가 대신할 수도 없고요. 단지 자신이 참회하여 소멸시킬 수는 있습니다.

업이란 현재 이전에 자신이 행한 행위의 기억입니다. 우리는 그 경험을 토대로 순간순간 선택하고 실행하게 되지요. 이것이 업의 작용입니다.

악행을 하여 악업을 짓게 되면, 마음속의 탐욕을 위해 다른 사람 혹은 생명체에 고통을 주어도 무방하다는 기억을 남기고, 그 기억에 의해 다음에 선택할 때도 역시 같은 방향으로 선택하게 됩니다. 참나인 자성에 비추어 보면, 행복을 구하려고 한 행위가 오히려 고통을 가져다주는 어리석은 행위임을 알고 이를 뉘우치기 위해 자신이 한 선택의 결과로 고통이 오도록 스스로 삶을 설계합니다. 만약 본인이 과거의 악행을 뉘우치면 뉘우치는 만큼 고통의 양은 줄게 되죠. 선업은 바른 행복의 길이므로 더욱 선택하고 실천하도록, 오히려 더 많은 행복을 얻도록 계획하는 것입니다.

《지장경》에서 우리가 돌아가신 선망 부모나 조상님 혹은 인연 영가들에게 천도재나 49재를 올리면 그 영가님들에게 공덕이 되는 이유는 다음과 같습니다. 첫째, 그 해당 영가님들이 부처님의 법을 알게 되어 스스로 참회하고 바른 행복을 얻을 수 있는 지혜를 가르침 받기 때문입니다. 이것이 염불의 내용이죠.

둘째, 이 영가님들은 선행과 악행의 결과를 어렴풋이 미루어 아는 것이 아니라 실제로 그 결과에 따라 고통을 겪는 중이므로 그 고통에서 벗어나기 위해 무엇이든 하려고 발버둥을 치는 상태입니다. 재의식의 염불 소리를 듣고 실천하려고 애를 쓰겠죠.

셋째, 재를 지내면서 올린 불공과 시식의 공덕이 해당 영가님들에게 돌아갑니다. 자손들이 그분들의 행복을 발원하며 봉행하기 때문이죠. 재의식에 참석한 수많은 고통과 굶주림, 목마름에 허덕이는 유주 무주 고혼과 인연 영가들이 배고픔과 목마름을 면하게 되므로, 그 고마움이 재의식의 주인공인 선망 부모님의 영가에게도 돌아가는 것이죠. 질문자분이 말씀하신 "7분의 1"이란 공덕에 대한 보편적인 말씀인 듯하고 실제로는 영가님들이 마음의 문을 열고 참회하고 염불 내용을 이해하고 실천하는 만큼 공덕이 주어질 것입니다. 이는 그 영가님들의 근기에 따라 결정될 것입니다.

Q29

무아가 가능해지려면 걸림 없는 보시를 해야 한다고 들었습니다. 그런데 보시를 하려고 하면 '아깝다.'는 생각이 먼저 듭니다.

● 걸림이 없어야 무아를 아는 것이 아니라, 무아를 알면 걸림이 없어집니다. 무아를 알기 전까지 걸리는 장애에 대해서는 자신이 없애려고 노력해야 합니다. 할 수 있는 것부터 조금씩 하다 보면, 예전에는 보시가 아까웠는데 이제는 자신이 보시하는 만큼 자신에게 행복이 더 온다는 것을 자연스레 알게 됩니다.

보시를 좋아하는 사람은 보시를 해서 즐겁고, 보시를 해서 공덕이 되니 또 즐겁지요. 걸림이 없으려면 가장 좋은 방법은 자신이 '걸리는' 이유가 뭔지 성찰하는 겁니다. 보시할 기회가 있다면 아깝더라도 자신의 한계를 넘어 보세요. 재산을 다 내놓으라는 게 아닙니다. 한계와 고정관념을 한 번쯤 넘어 보세요. 그러다 보면 자신감도 생기고 마음도 커집니다.

한계와 고정관념을 한 번쯤 넘어 보세요.

그러다 보면 자신감도 생기고 마음도 커집니다.

그 물건이 있어도 없어도 나와 아무 관계가 없습니다. 내가 착각과 집착 때문에 마치 그 돈을 보시하고 나면 불편하고 손해가 난다고 생각하는 겁니다. 나도 모르게 집착하는 마음, 좋아하는 마음 등을 나로 여기고, 즉 호불호—싫어하고 좋아하는 그 마음—를 나라고 여겼기에 그 좋아함을 구하기 위해 돈이 필요했고 돈을 통해 즐거움을 얻으려 했다는 것을 알게 됩니다. 하지만 이는 나와 아무런 관계가 없음을 스스로 찾아내 느끼셔야 합니다. 자신의 한계에 머무르지 마십시오.

Q30

저는 평소 염불할 때 관상염불을 주로 합니다. 분명 관상염불에 장점도 있고, 오랜 세월 그렇게 해왔는데 문득 '내가 왜 관상염불을 하고 있나?' 하는 의문이 들고 염불로 피난처를 삼고 있는 게 아닌가 하는 생각이 듭니다. 바람직한 염불법은 무엇인지 여쭈어봅니다.

우리의 삶은 지금의 불편함이나 고통에서 벗어나 편안함과 즐거움을 얻으려는 것입니다. 즉 고통으로부터의 피난처입니다. 돈이든 재물이든 욕심을 버리고 보시하는 것, 불국토에 환생하는 것, 수행과 공덕을 짓는 것 역시 같습니다.

염불에는 칭명염불, 관상염불, 광명염불이 있습니다. 칭명稱名염불은 입으로만 하는 염불입니다. 말하면서 내 소원 성취를 발원하는 것이죠.

관상觀想염불에서 '관상'이란 내가 원하는 소원을 마음속에 그리는 일입니다. 한 번 관상이 되면 점점 관상이 되고, 언제든지 필요하면 도움을 받을 수 있습니다. 이왕이면 부처님을 관상하는 것이 훨씬 더 쉽습니다. 가면 갈수록 마음에 부처님의 관상이 가득 찰 것이고 다음 생에는 부처님 관상의 세계로 가게 됩니다. 지금 이 순간은 여러분이 다 소원 성취를 관상으로 만들어 낸 세계입니다. 하늘 세계를 계속 관상하면 하늘 세계에 가 있을 것이요, 부처님과 불보살님을 관상하면 부처님 세계에 간다는 말입니다. 이것이 관상염불입니다.

광명光名염불에서 광명은 빛이며, 빛은 지혜를 뜻합니다. 지혜는 반야般若를 이야기합니다. 반야란 우리가 존재한다고 여기는 모든 것들이 실재하지 않는 내 마음의 환영임을 아는 것입니다. 그래서 염불은 단계별로 하는 게 좋으며, 칭명보다는 관상이 낫고, 관상보다는 광명이 낫다고 합니다.

Q31

저는 노인입니다. 이 몸을 오래 쓰긴 했지요. 그런데 근래 들어 몸에 대해 자꾸 부정적인 생각이 들고, 어떻게 하면 젊을 때처럼 건강해질 수 있을까 하는 생각이 듭니다.

죽음은

병들고 낡은
이 고통스러운 몸을 버리고,
건강하고 능력이 뛰어난
아주 오래 살 수 있는 몸을 얻을
기회입니다.

몸이 아프면 당연히 몸에 집착을 하기 마련입니다. 연세가 드셔서 몸이 아픈 것은 노화 현상 탓이 대부분이라 쉽게 낫지 않습니다. 이때 우리가 할 수 있는 일이란 이 몸이 이제는 서서히 낡고 병들어 가니 내려놓고 새 몸을 얻을 준비를 하는 것입니다. 그런데 새 몸을 얻을 일을 생각하면 죽음이란 것이 떠오르니 싫어지지요.

죽음은 병들고 낡은 이 고통스러운 몸을 버리고, 건강하고 능력이 뛰어난 아주 오래 살 수 있는 몸을 얻을 기회입니다. 그 기회를 받아들이고 잘 준비해야 합니다. 그 기회를 통해 더 나은 행복을 얻을 수 있도록 해야 합니다. 우리가 할 일은 바로 그 일인 것입니다. 곧 부처님의 가르침을 배우고 실천하는 일입니다.

Q32

《화엄경》의 사구게인 "약인욕요지 삼세일체불 응관법계성 일체유심조"의 의미가 궁금합니다.

《화엄경》은 석가모니부처님께서 우주법계의 불국토를 설명해 놓은 경전입니다. 그 불국토는 각각의 부처님의 원력에 의해 만들어진 거예요.

약인욕요지若人慾了知 삼세일체불三世一切佛은 '만약 누군가가 과거, 현재, 미래의 모든 부처님의 깨달음의 지혜, 궁극의 지혜를 알고자 한다면'이라는 뜻이며 응관법계성應觀法界性은 '마땅히 법계의 성품을 관하라.'라는 뜻입니다. 일체유심조一切唯心造란 '다 마음이 만들어 낸 것'입니다. 요약하자면 이렇습니다.

"만약 사람들이 과거, 현재, 미래의 모든 부처님의 깨달은 지혜를 알고 싶거든 마땅히 법계의 성품을 비추어 관할지니 일체 모든 것은 마음으로 지어졌음이라."

여기서 마음이란 참나에 비친 우리의 마음입니다. 중

생은 중생의 생사의 모습을 만들고, 부처는 부처의 불국토의 모습을 만듭니다. 진여자성의 참나에서 보면, 우리가 즐겁고 울고 웃고 행복하고 괴롭고 고통스러운 이 모든 것이 우리의 마음이 만들어 낸 환영일 따름입니다.

생사도 마찬가지입니다. 행복의 환영을 내가 좋아하니 그걸 얻기 위해 감각이 필요했고 감각이 필요하니 안이비설신의眼耳鼻舌身義라는 육근六根이 필요합니다. 육근을 구하니 몸뚱이가 필요합니다. 있지도 않은 행복을 구하기 위해 몸이 필요하고, 몸이 필요하니 몸을 구하는 게 바로 윤회입니다.

본래 나는 윤회하지 않습니다. 이 삶의 모든 것은 내가 현재 이전에 그려 온 내 마음의 환영입니다. 그 환영을 보고 아는 주인이 있습니다. 그 주인만이 오직 유일합니다. 그 주인을 '참나'라 말합니다. 그 참나를 알면 윤회도 하지 않고 행복을 구하지도 않고 행복을 필요로 하지도 않습니다. 이것이 부처님께서 말씀하신 깨달음입니다.

Q33

집안에 아픈 사람이 있거나 조상님의 제사가 있는 달에는 장례식에 가더라도 빈소에는 들어가지 말라던데, 그 이유가 뭔가요?

장례식장에는 저승 세계의 기운이 가득합니다. 수많은 유주 무주 애혼 고혼의 잔치와 같습니다. 제사는 돌아가신 부모님 혹은 조상님의 은혜에 감사하고 추모하며 귀하고 맛있는 음식을 대접해 드리는 일입니다. 내가 애써 차린 음식을 우리 조상님이 오셔서 맛있게 드시면 좋겠는데 여러 초대받지 않은 영혼이 와서는 안 된다고 생각하는 것이지요.

그런데 제사를 지낸다는 건 돌아가신 분에게 단순히 음식을 대접하는 게 아니라 고마움을 표하고, 그분이 공덕을 짓도록 하는 방법이거든요. 그렇다면 배고프고 목마른, 고통받는 영혼들이 다 와서 그 음식을 먹으면 조상님께 공덕이 되지 않을까요? 그렇게 여기는 편이 훨씬 더 낫지 않을까요? 즉 우리들의 집착과 아상 때문에 빈

우리들의 집착과 아상 때문에

빈소에 들어가지 말라는
속설이 생긴 겁니다.

소에 들어가지 말라는 속설이 생긴 겁니다.

오히려 장례식장에 가서 경전을 읽거나 보시를 하면서 돌아가신 분이 좋은 데 가시기를 발원하고 '곧 있으면 우리 부모님의 제삿날인데 여기 계신 영혼들께서도 오셔서 맛있는 음식도 드시고 우리 부모님을 좋은 데 가시게 돕고 이끌어 주십시오.' 하고 자신의 제사도 정성껏 지내면 훨씬 낫지 않을까요? 결론적으로 말씀드리면 빈소에 가셔도 괜찮습니다.

Q34

사찰에서 백중 입재, 회향이란 말을 흔히 볼 수 있는데요. 무슨 뜻인지, 왜 있는지 궁금합니다.

백중기도의 기원에 얽힌 특별한 이야기를 들려 드리겠습니다. 부처님의 제자 중 신통제일인 목련존자가 있었습니다. 그런데 목련존자는 출가 전에 본래 외도外道, 즉 브라만교의 성직자였습니다. 그래서 500명 정도의 제자를 거느리고 있었다고 합니다. 목련존자는 원래 아버님이 일찍 돌아가셔서 홀어머니를 모시고 살았는데, 제자들이 틈만 나면 스승인 목련존자에게 선물도 드리고 공양물을 올렸습니다. 그러면 그는 그것들을 어머니께 나누어 드려서 어머니를 행복하게 해 드렸지요. 또한 존경받는 스승이었으니 어머니의 입장에서는 아들이 참으로 자랑스러웠을 것입니다. 그런데 아들이 어느 날 부처님 제자의 말에 빠져서 부처님께 출가를 했습니다. 부처님께 출가하고 나니 어떤 일이 일어났겠습니까?

하루아침에 거지나 다름없는 신세가 됐습니다. 브라만은 계급 중 가장 높은 계급, 왕이나 귀족보다 높은 계급이거든요. 그런데 출가를 하고 나니 부처님처럼 음식을 얻어먹으러 다녀야 했습니다. 또 전에는 비단이나 화려한 옷을 입고 많은 돈과 공양을 받는 존경받는 사람이었는데, 출가 후에는 떨어진 옷을 입고 아침마다 동냥 그릇을 들고 마을에 오는 사람이 되어 버렸거든요. 목련존자의 어머니는 화가 많이 났죠. 그래서 부처님의 제자들을 미워했습니다. 목련존자의 어머니는 스님들이 탁발을 오면 욕을 하고 또 부처님께서 하지 말라고 한 행동, 이를테면 살생을 더욱더 했습니다. 목련존자는 출가해서 생각했습니다. '어머니가 저런 삶을 살면 분명히 돌아가신 후 고통받으실 텐데 어머니를 어떻게 제도할까?' 그는 어머니의 마음을 돌리려고 노력했지만, 어머니는 목련존자를 만나 주지도 않았습니다.

어머니가 돌아가신 후, 목련존자는 이미 아라한이 됐으므로 천안으로 어머니가 어디에 환생했는지를 보았습니다. 어머니는 지옥에 거꾸로 매달려 있었습니다. 백중을 다른 말로 우란분재일이라고 하는데, 우란분은 산스크리트의 'Ullambana(거꾸로 매달린)'에서 나온 말입니다.

목련존자는 마음이 아파 어머니를 신통력으로 구하려고 했습니다. 그런데 아무리 노력해도 구할 수가 없었습니다. 그래서 부처님께 와서 울면서 말씀드렸습니다.

"어머니가 지옥에 계시는데 제가 신통으로 구하려고 했지만 도저히 구할 수가 없습니다. 어떻게 하면 좋을까요?"

부처님께서 물어보십니다.

“네 어머니의 생전 삶이 어떠했느냐?”

그러자 목련존자는 사실대로 말합니다. 부처님께서 말씀하십니다.

“그 업으로 인해서 지옥에 있다. 그래서 너 혼자만의 공덕으로는 구할 수 없다.”

“부처님께서 말씀하시기를 가족 중 한 사람이 출가해서 바르게 수행하면 3대가 다 삼악도에 가지 않고 또 바르게 깨달음을 얻으면 그와 인연된 사람들이 저 삼악도에서 벗어나서 하늘 세계 이상으로 간다 하셨는데, 제가 출가해 바르게 수행했고 깨달음을 얻은 아라한이 되었으며 부처님의 제자 중 뛰어난 제자인데 어떻게 어머니를 구할 수 없단 말입니까?”

"네가 가지고 있는 공덕만으로는 되지 않는다."

"어떻게 하면 좋겠습니까?"

스님들은 우기 동안의 안거를 마치고 부처님께 와서 인사를 하고 법문을 듣습니다. 그때를 해재일이라 합니다. 부처님께서 말씀하셨습니다.

"해재일에 스님들에게 필요한 약품이나 방석, 가사, 음식 등 필요한 물건들을 보시하거라. 그러면 대중 공덕의 힘으로 어머니가 그곳에서 벗어날 수 있을 것이다."

그래서 목련존자는 자신이 지니고 있던 모든 물건을 보시 물품으로 바꿔, 안거를 마치고 기원정사에 모인 스님들에게 보시합니다. 그러고 나서 선정에 들어 관해 보니 어머니는 벌써 도리천에 환생해 계셨습니다. 어머니뿐 아니라 어머니와 함께 지옥에 있던 영혼도 다 도리천에 있었습니다. 그 영혼들이 어머니에게 무척 고마워하고 있었습니다. 어머니도 목련존자를 보자 "네 공덕으로 내가 지옥의 고통에서 벗어나게 되었다. 지난날에 내가 참 어리석었구나." 하고 참회합니다. 그래서 그 이야기를 목련존자가 부처님께 하고, 부처님이 그 이야기를 제자들에게 다 알려 줬습니다.

그런 연유로, 백중이란 해재할 때 스님들에게 공양을 올리고 그 공덕으로 인해서 나와 인연 있는 모든 조상님이나 모든 중생, 특히 삼악도(지옥, 아귀, 축생)에 있는 중생이 그 고통에서 벗어나 더 나은 행복한 세계로 환생하기를 바라는 의식인 겁니다. 여기에 왜 '백중百衆'이라는 말을 붙였을까요? 고려시대에 백 분의 스님을 모시고 백 가지 이상의 공양을 올린다는 의미로 백중이 된 겁니다.

그러면 백중 때 왜 입재入齋를 하는 걸까요? '재齋'라는 말의 뜻은 몸과 마음을 삼가고 정갈히 해서 부처님께 기도하는 것, 부처님의 가르침을 배우고 실천하는 것입니다. '이제 오늘부터 재를 시작하겠습니다.'라고 부처님께 약속하는 것이 입재입니다. 그리고 기도하는 마지막 날 회향回向을 하는데, 회향은 부처님께는 공양을 올리고 기도한 공덕을 나와 나의 조상님뿐 아니라 법계의 모든 중생에게 나누어 그들이 고통에서 벗어나기를 발원하는 마음입니다. 특히 유주 무주 고혼, 살아생전 잘한 일도 없고 절에 와서 공덕을 지은 일도 없고 그러니 가족이나 후손 아무도 챙기지 않는 영혼들도 영혼의 세계에 무수히 많거든요. 이들은 인간 세계의 노숙자나 독거노인과 같은 영혼입니다. 또 집착이 많아서 저승도 가지 못하고 헤매는 영혼들도 무수히 많습니다. 그들도 가르침과 공덕이 필요하지 않겠습니까. 조상님이나 인연 있는 영혼들뿐만 아니라 그분들도 다 모아, 이 음식을 먹고 부처님의 지혜를 배워 고통의 세계에서 벗어나기를 발원하는 겁니다. 이것이 백중기도 회향의 의미입니다. 그래서 백중기도에 입재와 해재가 있습니다. 한 번 지내는 것보다는 이왕이면 일주일마다 지내는 게 낫다고 해서, 요즘은 거의 백중 7재를 지내고 있습니다.

Q35

부처님오신날에 관불을 하는 이유가 궁금합니다.

부처님을 목욕시킴으로 인해
내 업장의 때를 목욕하는 것입니다.

아기가 태어나면 목욕부터 시켜 주지 않습니까? 부처님이 태어나신 날이니 부처님도 목욕을 시켜 드려야죠. 그 의식을 관불灌佛이라 합니다. 부처님도 태어나자마자 모후와 시녀들이 아니라, 용이 나타나 더운물과 찬물을 뿜어 샤워를 해 주었습니다.

그러니 관불 의식은 첫째로는 부처님이 탄생하셨으니 목욕을 시켜 드리는 의미입니다. 둘째로는 부처님은 사실은 목욕하실 필요가 없습니다. 목욕은 우리의 욕망과 집착과 업장을 소멸하는 것을 의미합니다. 부처님을 목욕시킴으로 인해 내 업장의 때를 목욕하는 것입니다. 그래서 부처님오신날에 관불 의식이 있는 것입니다.

Q36

우리가 흔히 말하는 '영혼'과 '참나'는 어떻게 다르가요?

영혼은 영靈과 혼魂으로 나뉩니다. 영은 '참나'라 할 수 있습니다. 그래서 소소영령昭昭靈靈(마음이 깨어 있어 밝고 신령스러운 것)이라는 말을 쓰는 겁니다. 혼은 우리의 '업식'입니다. '나'라고 하는 것은 참나에 비춰진 내 마음까지 합쳐서 '나'라고 이릅니다.

우리가 '먹고 싶어.'라고 생각했을 때, 이 말에는 '나'라는 바탕 위에 '먹고 싶다.'라는 생각이 올라가 있는 것입니다. 그러면 하나로 합쳐져 내가 먹고 싶다는 마음이 몸을 이용해 먹게 되는 겁니다. '자고 싶어.' 역시 '나'라는 바탕에 마음이 자고 싶다는 생각을 한 결과입니다. 그럼 몸이 '자고 싶다, 자자.'라는 순서를 따르는 것이지요. 이렇게 본래 있는 참나인 영과 참나에 비친 마음인 혼이 합쳐진 상태를 영혼이라 합니다. 다시 말해 영혼을 나누면,

나와 내 마음에 기억된 업식이 있지요. 그 업식을 '혼'이라 하고 그 업식을 읽어 내는 나를 '영'이라 합니다. 참나는 영을 말하지 혼을 말하지 않습니다.

혼은 윤회를 하죠. 왜 혼이 윤회를 할까요? 나라는 바탕에 기억된 업식에 따라 다시 그 원하는 마음을 가지고 구하기 때문입니다. 참나에 원하는 마음을 비추어 알고 안이비설신의, 즉 감각기관과 감각 정보, 기억된 정보를 통하여 그 마음을 구하는 몸, 몸이 구하는 행위를 순간순간 알아차리는 것, 행위의 결과, 그 결과가 처음에 원하는 것이었는지 분별하는 것 또한 마음이죠.

원하는 이유는 자신이 싫어하는 마음에서 좋아하는 마음을 얻으려 하기 때문이지요. 이렇게 일생을 살다가 몸이 늙고 병들고 죽음에 이르면 좋아하는 마음을 구해 줄

도구인 몸을 구하게 됩니다. 이것이 윤회이고, 이 모든 과정이 참나에 비친 안이비설신의를 통해서 일어나는 마음입니다. 그러므로 나에 비친 마음은 계속 변하지만 나(참나)는 전혀 변하지 않습니다. 참나는 윤회하지 않습니다. 바탕인 나는 오고 감이 없습니다.

삶 속에서 나누는 진리의 향기

당신의 마음에 답을 드립니다

목종스님 상담에세이

초판 1쇄 발행 2019년 11월 11일
초판 2쇄 발행 2020년 4월 28일

지은이 목종

펴낸이 오세룡
기획 · 편집 김경란 김영미 박성화 손미숙 김정은
취재 · 기획 최은영 곽은영
디자인 조성미
고혜정 김효선 장혜정
일러스트 불밝힌작업실(권세나)
홍보 · 마케팅 이주하
펴낸 곳 담앤북스
서울특별시 종로구 새문안로3길 23 경희궁의 아침 4단지 805호
대표전화 02) 765-1251 전송 02) 764-1251
전자우편 damnbooks@hanmail.net
출판등록 제300-2011-115호

ISBN 979-11-6201-198-0 (03220)

정가 15,000원

이 도서의 국립중앙도서관 출판예정도서목록(CIP)은 서지정보유통지원시스템 홈페이지(http://seoji.nl.go.kr)와 국가자료공동목록시스템(http://www.nl.go.kr/kolisnet)에서 이용하실 수 있습니다.(CIP제어번호: CIP2019041328)